# LE PARC
# ET LES GRANDES EAUX
## DE VERSAILLES

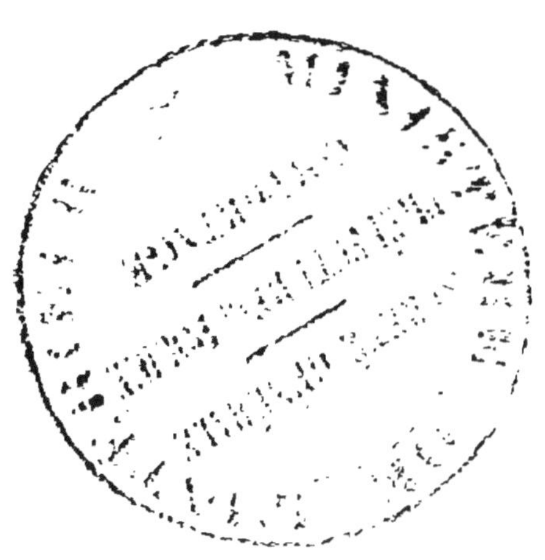

TYPOGRAPHIE DE CH. LAHURE
Imprimeur du Sénat et de la Cour de Cassation
rue de Vaugirard, 9.

# LE PARC

ET

# LES GRANDES EAUX

# DE VERSAILLES

OUVRAGE

ILLUSTRÉ DE 20 GRAVURES SUR BOIS

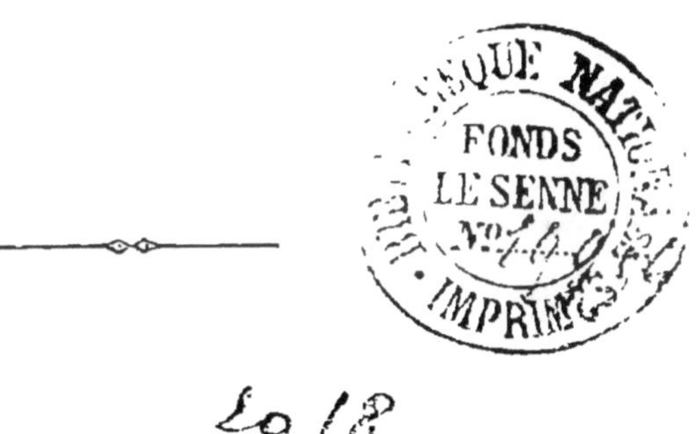


PARIS

LIBRAIRIE DE L. HACHETTE ET Cie

RUE PIERRE-SARRAZIN, N° 14

1855

# LE PARC

# ET LES GRANDES EAUX

# DE VERSAILLES.

## I.

### Avis au lecteur.

E jeu des grandes eaux de Versailles est un magnifique spectacle dont les étrangers sont empressés de jouir et dont les Parisiens eux-mêmes, si faciles à blaser sur toutes choses, ne se lassent jamais.

Huit ou dix fois par été, l'annonce de ces eaux merveilleuses met en mouvement cinquante ou soixante mille curieux. Ces jours-là, les gares des chemins de fer de la barrière du Maine et de la rue Saint-Lazare sont littéralement envahies. « Le cheval de feu hennit de toutes ses forces, jetant l'eau et la flamme par ses narines entr'ouvertes ; la raie de fer s'étend brûlante des rues de Paris aux jardins de Louis XIV. »

André Le Nôtre.

Parmi les visiteurs attirés à ces fêtes, il en est qui veulent voir tout en un jour. Ceux-là sont du nombre des voyageurs *curieux* dont parle Sterne ; ils parcourent au pas de course les salles et les galeries du château, le parc, l'orangerie, le grand et le petit Trianon ; ils passent en revue tous les bassins et toutes les statues.

Nous n'accomplirons pas ce travail d'Hercule.

Laissons pour aujourd'hui ce beau palais qui contemple du haut de sa royale grandeur le parc et les jardins dessinés par *Le Nôtre* [1].

Nous n'aurons pas trop de la journée entière

François Girardon.

pour admirer les bosquets, les grottes humides,

1. Le Nôtre (André), architecte, célèbre surtout comme dessinateur de jardins, né à Paris en 1613, mort en 1700, avait été destiné par son père à la peinture ; mais il préféra se livrer à l'art des jardins et y acquit bientôt un talent supérieur. Louis XIV,

les bassins de marbre, les jets d'eau fantastiques, les cascades, les gerbes étincelantes, et

Antoine Coysevox.

ce monde de Nymphes, de Satyres, de Tritons et de dieux de la mythologie créé par *Girardon* [1],

qui sut l'apprécier, lui confia le soin de distribuer et d'orner plusieurs jardins royaux. Le Nôtre planta, pour ce monarque, les jardins de Versailles, des Tuileries, de Clagny, de Chantilly, de Saint-Cloud, de Meudon, de Sceaux, de Saint-Germain et de Fontainebleau. On peut le regarder comme le véritable créateur de son art; le roi lui accorda des titres de noblesse.

1. Girardon (François), sculpteur, né à Troyes, en 1630, mort à Paris en 1705, fut protégé par le chancelier Séguier, qui l'envoya à ses frais étudier à Rome. De retour en France, il orna de ses ouvrages en marbre et en bronze les maisons royales, et, après la mort de Le Brun, il obtint la charge d'inspecteur géné-

le premier de tous ces grands artistes, et ses

Nicolas Coustou.

dignes émules les *Coysevox* [1], les *Coustou* [2] et

ral des sculptures. Ses chefs-d'œuvre sont les groupes en marbre d'*Apollon chez Thétis*, de *Pluton enlevant Proserpine*, et de l'*Hiver*, dans le jardin de Versailles, et le mausolée de Richelieu à la Sorbonne.

1. Coysevox (Antoine), sculpteur, né à Lyon en 1640, mort en 1720. Ses principaux ouvrages sont les chevaux ailés qui ornent l'entrée des Tuileries, *le Flûteur*, une *Flore* et une *Hamadryade* dans le même jardin, les groupes de Versailles, ceux qu'il avait faits pour Marly, les tombeaux du cardinal Mazarin, de Le Brun et de Colbert, les bustes de Louis XIV, Bossuet, etc..... Membre de l'Académie des beaux-arts, il en fut quelque temps chancelier.

2. Coustou (Nicolas), né à Lyon en 1658, mort à Paris en 1733,

les *Puget* [1] ; monde charmant que chantait La Fontaine :

> « C'est pour nous divertir que les Nymphes sont faites,
> C'est pour nous, dans ce bois, que de savantes mains
> Ont mêlé les dieux grecs et les Césars romains. »

Avant de commencer notre promenade, nous prévenons les étrangers et les voyageurs à qui nous servons de guide, que nous nous sommes attaché à leur tracer un itinéraire si clair et si facile, qu'ils n'auront absolument qu'à nous suivre pas à pas. Ils n'auront besoin du secours de personne pour s'orienter à travers les jardins et pour en voir toutes les merveilles. Nous avons combiné cet itinéraire, ce dont se préoccupent ordinairement beaucoup trop peu les *Guides des voyageurs*, de façon à visiter les bassins dans l'ordre où jouent successivement les eaux. C'est sur les lieux mêmes, consciencieuse-

décora Marly, Versailles et Paris, de plusieurs morceaux précieux. Ses chefs-d'œuvre sont : *Commode représenté en Hercule*, à Versailles, le *Berger chasseur*, *la Seine et la Marne*, aux Tuileries. Nicolas Coustou avait un frère, auteur des deux *Chevaux indomptés* des Champs-Élysées.

1. Puget, né à Marseille en 1622, mort en 1694, parcourut l'Italie, quitta la peinture pour la sculpture en 1655, fut chargé par Fouquet des sculptures de son château de Vaux, fit plusieurs ouvrages remarquables à Gênes, et revint en France à la sollicitation de Colbert : ses chefs-d'œuvre sont les groupes de *Milon* au Louvre et d'*Andromède* à Versailles.

ment étudiés, que nous avons tracé la route qu'il importe de parcourir; et, quand on l'aura suivie avec nous, on pourra nous rendre le témoignage que nous avons évité aux visiteurs des incertitudes et des fatigues inutiles. Maintenant nous pouvons partir.

Dirigeons-nous, sans perdre de temps, par le vestibule de la chapelle, vers le perron de la terrasse, au pied même de la façade du château, et, chemin faisant, disons deux mots sur l'origine des eaux de Versailles.

## II.

### Provenance des eaux de Versailles[1].

La machine de *Marly*, commencée en 1675, par les ordres de *Colbert*, pour amener les eaux en abondance à Versailles, n'a pas rempli le but que s'était proposé le célèbre ministre; et, malgré l'opinion généralement admise, elle n'a jamais alimenté les eaux jaillissantes du parc.

Les eaux de Versailles viennent de nombreux étangs dont les principaux sont ceux de *Trappes*, *Saclay*, *Bois-d'Arcy*, *Saint-Hubert*, *Perray*, etc.

1. M. Leroi, conservateur de la bibliothèque de la ville de Versailles, a écrit, sur les *Eaux de Versailles, considérées dans leurs rapports historique et hygiénique*, un curieux et savant ouvrage.

Elles se rendent dans les bassins de la butte de Montbauron, et de là dans le réservoir du château d'eau, par d'innombrables rigoles qui ramassent les eaux de pluies et de neiges fondues, pendant l'espace de plusieurs lieues de circuit; c'est ce qu'on appelle le *domaine des étangs et rigoles*.

Les eaux hautes, qui sont celles de *Trappes*, viennent de trois lieues, par une route pavée, sans tuyaux ni rigoles. Les eaux basses, c'est-à-dire d'un niveau de onze pieds plus bas que les autres, viennent de la plaine de *Saclay*.

## III.

### Parterre d'eau. — Fontaines du Point du Jour et de Diane.

Nous sommes, disons-nous, au perron de la grande terrasse, au pied du château. Quatre statues, d'après l'antique, fondues par les frères *Keller*[1], sont adossées aux bâtiments du mi-

1. Keller (Jean-Balthasar), né à Zurich, mort à Paris en 1702. Jean-Jacques, son frère aîné, fondeur de canons fort habile au service de la France, l'attira auprès de lui. La grande quantité de canons et de mortiers qu'ils fondirent, et leurs belles statues du parc de Versailles, ont rendu leur nom célèbre. Leur chef-d'œuvre, ce fut la fonte de la statue équestre de Louis XIV, que la ville de Paris avait élevée, et qu'ils coulèrent d'un seul jet. En 1697, Jean Keller fut nommé commissaire général de la fonte de l'artillerie du roi et inspecteur de la grande fonderie de l'arsenal royal à Paris.

lieu : *Silène*, *Antinoüs*, *Apollon Pythien* et *Bacchus*.

Aux angles, deux vases en marbre blanc, d'une rare beauté, ornés de bas-reliefs représentant, celui du nord, la victoire des impériaux sur les Turcs à l'aide des secours de Louis XIV, et la réparation offerte par l'Espagne à la France, à l'occasion de l'insulte faite à Londres à l'ambassadeur français, par *Coysevox*; celui du sud, sculpté par *Tuby*, les conquêtes du même monarque en Flandre.

A nos pieds s'étendent les deux grandes feuilles du *Parterre d'eau*.

Ces deux bassins, contournés aux quatre angles, sont bordés par des tablettes de marbre blanc sur lesquelles reposent vingt-quatre groupes en bronze, fondus par les *Keller* et par *Aubry* et *Roger*.

Au bassin du nord, en descendant de la terrasse, la *Garonne* et la *Dordogne*, modelées par *Coysevox*; à l'autre bout, la *Seine*, par *Regnaudin*, et la *Marne*, par *Magnier*.

Au bassin du midi, le *Rhône* par *Tuby* et la *Saône* par *l'Espignola*; à l'autre bout, la *Loire* et le *Loiret* par *Le Hongre*.

Sur les longs côtés sont huit Nymphes ou Naïades groupées avec des *Amours* ou des *Zéphirs*, huit groupes de trois enfants, les uns montés sur des dauphins, d'autres jouant avec des oiseaux et tenant des couronnes de fleurs, des roseaux, des coquilles.

La fontaine de Diane.

Du milieu de chaque bassin s'élance une gerbe

d'environ 10 mètres, qu'entourent seize jets inclinés formant la corbeille.

En face des deux terrasses latérales, on remarque, dans des cabinets de verdure, deux buffets d'eau avec gerbes d'environ 8 mètres, dont l'eau retombe en nappe dans de petits bassins inférieurs.

Le buffet, du côté de l'*Orangerie*, est appelé *Fontaine du Point du Jour*, du nom d'une statue qui l'avoisine; et celui du côté de la chapelle, *Fontaine de Diane*, à cause de la statue qui est placée à côté. Des deux côtés de la fontaine *du Point du Jour* sont deux statues, l'une de l'*Eau*, œuvre charmante de *Legros* (dessin de *Le Brun*); l'autre du *Printemps*, par *Magnier* (dessin de *Le Brun*). Des deux côtés de la fontaine de *Diane*, deux autres statues représentant le *Midi* sous la figure de *Vénus*, par *Marsy*, et le *Soir*, sous la figure de *Diane*, par *Desjardins*.

Sur l'appui de la bordure supérieure de chacun d'eux sont des groupes d'animaux d'une superbe tournure : les uns lancent de l'eau dans le bassin supérieur, les autres dans le second. Ils représentent : un tigre terrassant un ours; un limier abattant un cerf, modelés par *Houzeau*; un lion terrassant un loup, par *Vanclève*; un lion combattant un sanglier, par *Raon*.

Du buffet de Diane, nous nous rendons par une allée en pente, bordée d'ifs, à la grille du bosquet

Le bosquet d'Apollon.

d'Apollon, ouverte au public les jours des grandes eaux.

## IV.

### Bosquet des Bains d'Apollon.

Ce bosquet, adossé au bassin de la fontaine de Diane, fut composé en 1778 par *Robert*, qui était alors très à la mode comme dessinateur de jardins irréguliers. Il renferme un immense rocher dans lequel on a pratiqué une grotte décorée du célèbre groupe d'*Apollon et des Nymphes*, dû au ciseau de *Girardon* et de *Renaudin*.

A droite et à gauche, et à quelque distance de ce groupe principal, sont : les deux coursiers d'*Apollon* abreuvés par des *Tritons*, de *Guérin;* et les *Tritons* tenant deux coursiers dont l'un mord la croupe de l'autre qui se cabre, par *Marsy*.

Ces beaux groupes furent d'abord placés dans la fameuse grotte du *Thétis*, bâtie en 1662 par *Pierre de Francine*, auprès du château, à la place où se trouve aujourd'hui le vestibule de la chapelle.

Louis XIV faisait commencer à cette époque les constructions et les embellissements qui firent plus tard de Versailles l'un des plus beaux palais de l'univers.

La toilette d'Apollon.

« Versailles devint une des plus étonnantes merveilles du monde entier. *La Fontaine* assistait en quelque sorte à cette création qui n'était pas encore complète; mais il prévoyait ce qu'elle deviendrait un jour, et, sensible à tous les charmes des beaux-arts, il ne put résister au plaisir de célébrer ce chef-d'œuvre de grandeur et de gloire. Il a donc cherché, par des épisodes, à rattacher la description de Versailles au récit des aventures de *Psyché*[1]. »

La merveille la plus étonnante, et que *La Fontaine* s'est plu davantage à peindre poétiquement, c'était la grotte ou le palais de *Thétis*, dans laquelle on voyait un torrent se précipiter à grand bruit entre les rochers d'une montagne artificielle. Un groupe d'*Apollon* assis et au bain, environné de six Nymphes empressées à le servir, et des chevaux de son char abreuvés par des Tritons, ornait l'intérieur de cette grotte.

« Le dieu se reposant sous ces voûtes humides
Est assis au milieu d'un chœur de Néréides :
Toutes sont des Vénus de qui l'air gracieux
N'entre point dans son cœur et s'arrête à ses yeux.
Mais qui pourra dépeindre en langue du Parnasse
La majesté du dieu, son port si plein de grâce,
Cet air que l'on n'a point chez nous autres mortels,
Et pour qui l'âge d'or invente des autels ?[2] »

1. Walckenaër, *Histoire de la vie et des ouvrages de La Fontaine*.
2. La Fontaine, *Psyché*.

Le groupe d'*Apollon* est le plus parfait ensemble de sculpture qui existe à Versailles.

## V.

### Du bosquet d'Apollon au bassin de Latone.

Sortons maintenant du bosquet d'Apollon par la grille qui s'ouvre à l'extrémité opposée, et dirigeons-nous vers le bassin de *Latone*, en remontant la rampe qui s'élève à sa gauche. Nous remarquons, chemin faisant, les statues de

*Ganymède* et *Jupiter* en aigle (d'après l'antique), par *Laviron;*

*Uranie*, Muse de l'astronomie (d'après l'antique), par *Frémery;*

L'empereur *Commode* sous la figure d'*Hercule* (d'après l'antique), par *Nicolas Coustou;*

L'impératrice *Faustine* sous la figure de *Cérès* (d'après l'antique), par *Renaudin;*

*Bacchus* (d'après l'antique), par *Granier.*

Puis nous descendons le grand escalier du milieu. Aux angles sont deux beaux vases, par *Dugoulon* et *Drouilly*. Quatre autres vases placés sur le second perron formant terrasse ont été faits à Rome, d'après l'antique, par *Grimaud* et d'autres élèves.

A droite et à gauche du bassin se trouvent

huit autres vases, dont trois représentent le sacrifice d'*Iphigénie;* trois autres, une fête de *Bacchus*, composée par *Cornu*, d'après les vases antiques qui sont à Rome à la villa *Borghèse* et à celle des *Médicis*. Les deux derniers vases, de *Hardy* et de *Prou*, représentent : le premier, un jeune *Mars* sur un char tiré par des loups et précédé des génies de la guerre; le second, *Mars* assis sur des trophées et couronné par les mêmes génies. Mais nous voilà devant le bassin de Latone.

## VI.

### Bassin de Latone.

Le bassin de Latone est au milieu du parterre. Sur le plus élevé des gradins de marbre rouge, étagés en pyramide, a été placé le groupe de *Marsy*[1] : *Latone*, avec ses deux enfants, *Apollon et Diane*, qui demande vengeance à *Jupiter* con-

1. *Marsy* (Balthazar et Gaspard), habiles sculpteurs du XVIIe siècle, étaient frères. Ils se distinguèrent surtout dans les travaux qu'ils furent chargés d'exécuter pour Versailles. On leur doit les figures en bronze qui décorent les bassins du *Dragon*, de *Bacchus* et de *Latone*, les *deux Tritons abreuvant les chevaux du Soleil* au bassin d'*Apollon*. Balthazar, né à Cambrai en 1624, mourut en 1674, professeur à l'Académie de peinture; Gaspard, né en 1628, mourut en 1681.

Le bassin de Latone

tre les insultes des paysans de la *Lydie*. Çà et là, au pourtour et sur les gradins, cent soixante-quatorze grenouilles, lézards, tortues, paysans et paysannes, dont la métamorphose commence, lancent contre la déesse des jets d'eau qui croisent dans tous les sens leurs gerbes brillantes en courbes gracieuses.

*Ovide* a métamorphosé ces insulteurs en grenouilles, mais il avait oublié de changer leurs imprécations en ces jets d'eau, symbole mythologique expliqué d'une manière brillante et paradoxale par M. Michelet :

« Ces eaux, qui montent et descendent avec tant de grâce et de majesté, expriment la vaste circulation sociale qui eut lieu alors pour la première fois, la puissance et la richesse montant du peuple au roi, pour retomber du roi au peuple, en gloire, en bon ordre, en harmonie. La charmante *Latone*, en laquelle est l'unité du jardin, fait taire de quelques gouttes d'eau les insolentes clameurs du groupe qui l'assiége; d'hommes, ils deviennent grenouilles croassantes : c'est la royauté triomphant de la Fronde. »

N'oublions pas les deux petits bassins, dits des *Lézards*, avec des gerbes de dix mètres environ, placés plus bas, dans le parterre, et faisant suite aux métamorphoses des paysans de la Lydie.

## VII.

### Du bassin de Latone au bosquet de la Cascade.

Maintenant il faut remonter l'escalier à droite et reprendre la grande rampe qui correspond à celle que nous suivions tout à l'heure. Ici encore nous trouvons en descendant une rangée de statues intéressantes. Ce sont :

*Le Point du Jour* ayant un coq à ses pieds, par *Marsy* (dessin de *Le Brun*) ;

*Le poëme lyrique*, par *Tuby* (dessin de *Le Brun*);

*Le Feu*, par *Dozier* (dessin de *Le Brun*) ;

*Tiridate*, roi des Parthes (d'après l'antique), par *André ;*

*Vénus Callipyge* (d'après l'antique), par *Clairion ;*

*Silène portant le petit Bacchus* (d'après l'antique), par *Mazière ;*

*Antinoüs* (d'après l'antique), par *Legros ;*

*Mercure* (d'après l'antique), par *Mélo ;*

*Uranie* (d'après l'antique), par *Carlier ;*

*Apollon Pythien* (d'après l'antique), par *Mazeline.*

Au bas de la rampe, nous tournons dans la première petite allée à gauche; puis, toujours à gauche, dans une grande allée; et enfin dans une impasse, pour gagner l'entrée du bosquet de la *Cascade*, dit *Salle de bal.*

## VIII.

### Bosquet de la Cascade, dit Salle de bal.

Ce bosquet fut construit par *Le Nôtre*, à son re-

Le bosquet de la Cascade.

tour d'Italie. Sa forme est circulaire. La cascade, composée de gradins en rocailles et en coquillages, est enrichie de vases et de torchères en métal bronzé, ornés de têtes de bacchantes, de mufles de lions et de festons, par *Houzeau*, *Masson* et *Le Hongre*. Les nappes d'eau qui tombent d'un gradin sur un autre forment un charmant coup d'œil. Les *Guides des voyageurs* oublient généralement de mentionner au-dessus de l'amphithéâtre de verdure, et en face de la cascade, un groupe charmant de sculpture dont l'auteur nous est inconnu : c'est un *Amour* terrassant un *Satyre*. Nous recommandons ce petit chef-d'œuvre à l'attention des connaisseurs.

On a appelé ce bosquet *Salle de bal*, parce qu'il a servi à cet usage dans plusieurs grandes fêtes. Un tableau du temps représente Mme de Maintenon y conduisant Mlle de Blois, fille du roi et de Mme de Montespan, depuis femme du duc d'Orléans, régent.

## IX.

### Du bosquet de la Cascade au bosquet de la Colonne.

Nous reprenons le chemin qui nous a conduits à la Salle de bal ; nous apercevons en face de nous le petit bassin de *Bacchus*, auquel nous donnons un regard : le dieu est à demi couché, entouré de quatre petits Satyres et de grappes de raisin. C'est une des œuvres les plus gracieuses de *Marsy*.

Nous gagnons de là le *Tapis vert*, que nous apercevions tout à l'heure du pied du bassin de *Latone*. C'est une immense nappe de gazon où l'on ne manque jamais de rencontrer des parieurs qui essayent, un bandeau sur les yeux, d'arriver jusqu'au bout sans avoir dévié et quitté l'herbe pour le sable. Rien n'est beau, par une douce soirée d'été, comme ce rendez-vous d'une société élégante qui a déserté le Paris du dimanche pour venir respirer à Versailles la fraîcheur des eaux et des bois.

Nous sommes au centre de la demi-lune en face du canal qui s'étend avec majesté devant nous; nous descendons le Tapis vert au milieu d'une double haie de vases et de statues dont voici les noms :

Côté gauche (midi) : *Castor et Pollux* sacrifiant à la Terre, par *Coysevox ;*

*Aria et Pætus* (d'après l'antique), par *L'Espignola ;*

*La Fidélité* (avec un chœur et un chien), par *Lefèvre* (d'après un dessin de *Mignard ;*

*Vénus* sortant du bain, par *Legros ;*

Un Faune chasseur, par *Flamen ;*

*Didon* sur son bûcher, par *Poultier ;*

Une Amazone (d'après l'antique), par *Raon ;*

*Achille* sous l'habit de *Pyrrha*, par *Vigier*.

Côté droit (nord) : *Laocoon et ses fils* (d'après l'antique);

*La Fourberie*, avec un masque et un renard (dessin de *Mignard*), par *Lecomte;*

Une *Junon*, en marbre de Paros (antique):

L'empereur *Commode* en *Hercule*, tenant un enfant, par *Jouvenet;*

*Vénus de Médicis* (antique), par *Frémery;*

*Cyparisse* caressant son cerf, par *Flamen;*

*Artémise*, par *Lefèvre* et *Desjardins;*

A peu près aux deux tiers du Tapis vert, à gauche, nous apercevons le bosquet de la *Colonnade*, où nous entrons.

## X.

### Bosquet de la Colonnade.

Tout autour de ce bosquet règne un péristyle en marbre de forme circulaire, composé de trente-deux colonnes, savoir : huit en marbre brèche violet, douze en marbre de Languedoc, et douze en marbre blanc turquin, toutes avec des chapiteaux en marbre blanc. Ces colonnes communiquent entre elles par des arcades cintrées, ornées à leurs clefs de masques de Nymphes, de Naïades ou de Sylvains, et sur les impostes de bas-reliefs par *Mazière*, *Granier*, *Le Hongre*, *Lecomte* et *Coysevox*. Sous les arcades sont vingt-huit cuvettes en marbre blanc, de chacune desquelles s'élève un jet d'eau de cinq mètres qui retombe en cascade dans le chenal inférieur.

Bosquet de la Colonnade.

Toute cette architecture de *Jules Hardouin Mansard* a été exécutée par *Lapierre*.

Dans l'arène qui forme le centre de cette

salle de verdure est un groupe en marbre blanc, ouvrage de *Girardon*; il représente l'enlèvement de *Proserpine* par *Pluton*, et sur le piédestal,

Enlèvement de Proserpine par Pluton.

en bas-relief, les diverses scènes de cet enlèvement, d'après la description d'*Ovide*.

Après avoir fait le tour de la colonnade, nous

reprenons le Tapis vert, et nous descendons jusqu'au bassin d'Apollon.

## XI.

### Bassin d'Apollon et Canal.

Au bout de la grande allée du Tapis vert, et dans l'axe du palais, se trouve le bassin d'*Apollon*, dont l'emplacement a été tracé par *Le Nôtre*.

Ce bassin, le plus grand du parc après celui de *Neptune*, et qui faisait, dit-on, les délices de *Louis XIV*, forme un carré long, dont les côtés sont arrondis au milieu.

Au centre est *Apollon* sur son char traîné par quatre chevaux et entouré de quatre Tritons et de quatre dauphins. Ce groupe et ses accompagnements ont été exécutés par *Baptiste Tuby* sur les dessins de *Le Brun*; on l'a surnommé le Char embourbé; mais il faut voir comment il se venge, les jours de grandes eaux, de cette qualification moqueuse : il lance vers le ciel trois puissants jets d'eau, l'un de dix-huit mètres environ, les deux autres de quinze mètres; à demi voilé sous ces brillantes vapeurs, le dieu du jour apparaît comme une image du soleil qui, d'en haut, l'inonde de ses rayons.

A la suite de ce beau bassin est le grand canal, qui a soixante-deux mètres environ de large et

Bassin d'Apollon.

quinze cent cinquante-huit mètres de long. Sous Louis XIV, cette majestueuse pièce d'eau était couverte de bâtiments de toutes formes, et principalement de gondoles vénitiennes; elles étaient conduites par trois ou quatre cents rameurs et matelots pour lesquels on avait bâti un village dans le bois prochain, qui a conservé le nom de *bois des Matelots*. Les fêtes finissaient toujours par quelque feu d'artifice sur ce canal, et, en 1680, et surtout en 1770, pour le mariage du dauphin, on y avait établi un soleil de feu qui éclairait tout l'horizon, et deux cents chaloupes couvertes de verres de couleur.

## XII.

### Du bassin d'Apollon au bosquet des Dômes.

Remontons maintenant le Tapis vert, après avoir examiné les deux groupes d'*Ino et Mélicerte*, à droite, et d'*Aristée liant Protée*, à gauche, en regard du bassin, le premier par *Granier*, l'autre par *Slootz* père.

Nous tournons alors à gauche, et nous entrons dans le bosquet des *Dômes*, qui fait face à celui de la *Colonnade*.

## XIII.

### Le bosquet des Dômes.

Ce bosquet renfermait autrefois deux petits pavillons en marbre blanc, couverts chacun d'un dôme enrichi d'ornements de métal doré. Ces pavillons ont été détruits à cause de leur état de vétusté.

Au milieu est un bassin hexagone environné d'une balustrade en marbre blanc, ainsi qu'une terrasse également entourée d'une seconde balustrade circulaire.

Sur la première de ces balustrades règne un petit canal interrompu par dix-huit petits bassins en coquille, d'où sortent des bouillons d'eau formant nappe. Sur le socle et les pilastres de l'autre on admire une suite de bas-reliefs représentant des trophées d'armes des différentes nations de l'Europe, par *Girardon*, *Guérin* et *Mazeline*.

Au centre du bassin est une cuvette en marbre blanc, de laquelle jaillissent un gros bouillon et un grand jet qui s'élève à vingt-quatre mètres.

Ce bassin est dans un état regrettable de délabrement. Nous ne l'avons mentionné que pour être complet, et à cause des bas-reliefs de *Girardon*.

Le bosquet des *Dômes* est décoré de huit statues qui entourent le bassin.

## XIV.

### Bassin d'Encelade.

Nous sortons par la porte opposée, nous suivons une petite allée entre deux charmilles qui se présente devant nous. Arrivés au bout, nous tournons à gauche et nous parvenons à l'admirable bassin d'*Encelade*, dont nous apercevons de loin

Bassin d'Encelade.

la tête et le bras gigantesques, au milieu des fragments de rochers. Il est à demi enseveli sous les débris de l'Etna. Le jet d'eau qui sort de la bouche du Titan a vingt-trois mètres. C'est un des plus élevés de tous ceux du jardin.

## XV.

### Bassin de Flore.

Nous revenons sur nos pas en reprenant la même allée, nous tournons à gauche et nous nous arrêtons un instant devant le petit bassin de *Flore*, par *Tuby*. Flore, à demi couchée, est entourée d'enfants tenant des guirlandes de fleurs. Le groupe est ingénieusement dessiné, et les enfants ont un abandon plein de grâce.

La seconde allée à gauche, à partir de celle que nous venons de quitter, nous conduit directement au bassin de l'*Obélisque*.

## XVI.

### Bassin de l'Obélisque ou des Cent tuyaux.

Ce bassin se compose de cent tuyaux jetant de l'eau et formant une gerbe qui s'élève en obélisque à plus de 24 mètres. Elle retombe en cascades, par les gradins, dans un petit canal qui entoure le bassin construit au milieu d'une vaste salle octogone.

Mais nous voyons de toute part la foule se diriger de l'autre côté du parc; suivons-la en prenant l'allée qui est au delà des Cent tuyaux. Nous arrivons à une grande allée de gazon, le long du mur de clôture du parc, et sur les traces des curieux empressés; nous remontons par là jusqu'au plus beau de tous les bassins, celui de *Neptune*.

## XVII.

### Bassin de Neptune.

De tous les bassins du parc, en effet, le plus grand, le plus élégant, le plus remarquable, tant par les sculptures et les ornements qui le décorent que par l'abondance des eaux, est, sans contredit, le bassin de *Neptune*, creusé à droite de l'orangerie et de la pièce d'eau des Suisses, à l'extrémité du parc. C'est cette merveille d'hydraulique que l'on entend communément sous la désignation de *grandes eaux*.

Une longue tablette ornée de vingt-deux grands vases de métal bronzé, ouvrage des plus habiles sculpteurs, et garnie d'un jet entre chaque vase, règne le long de la façade méridionale de ce bassin ; ces jets et ceux qui s'élèvent de chaque vase, au nombre de soixante-trois, sont reçus dans un chenal d'où l'eau s'échappe dans de vastes coquilles placées aux angles, et par des mascarons, pour retomber dans la grande pièce.

Bassin de Neptune.

Sur la tablette inférieure sont trois vastes plateaux, sur lesquels sont placés des groupes de métal : celui de *Neptune*, ayant à sa gauche *Amphi-*

Un vase du bassin de Neptune.

*trite*, assis dans une grande conque marine, par *Adam* aîné ; celui de *Protée*, gardant les troupeaux de *Neptune*, par *Bouchardon;* celui de l'*Océan* couché et appuyé sur une énorme licorne de mer, par *Lemoine*.

Aux deux extrémités de la tablette circulaire sont placés deux dragons marins montés chacun par un Amour. Ces groupes sont de *Girardon*.

Cette pièce d'eau commence, d'ordinaire, à jaillir vers cinq heures, quand tous les autres bassins ont successivement épuisé leurs gerbes liquides. Il est impossible d'en rendre l'effet magique, quand de toutes les bouches des dieux, des Tritons, des Naïades, des phoques et des chevaux marins, surgissent, bouillonnent, s'entre-croisent des jets d'eau d'une force et d'un volume extraordinaires, qui forment en se réunissant dans leur chute une cascade écumante, et retombent dans la pièce d'eau agitée comme une mer en courroux. Ce spectacle des eaux déchaînées suffirait pour attirer la foule, et termine magnifiquement la série des prodiges de la journée.

Quand nous serons rassasiés de cet incomparable spectacle, nous remonterons par l'*allée d'eau*, qui s'étend en face de nous, au delà du bassin de *Neptune ;* mais auparavant nous entrerons dans le bosquet de l'*Arc de triomphe*, qui s'ouvre à gauche, à l'entrée. On y voit la *France* assise dans un char, sur des degrés en marbre blanc; des attributs et des trophées d'armes l'environnent. D'un côté se tient l'*Espagne*, appuyée sur un lion; de l'autre l'*Allemagne*, assise sur un aigle. Sur le premier degré de marbre se tord un dragon expirant, symbole de la triple alliance. Ce groupe, autrefois en métal doré et brillant, maintenant noirci par les années, est de ***Coysevox***, de ***Tuby*** et de ***Prou***.

## XVIII.

### Allée d'eau.

Nous entrons maintenant dans l'*Allée d'eau*, dessinée par ***Perrault***, rival heureux de ***Le Nôtre***.

Enfants jouant avec un perdreau.

Sur chacune des bandes de gazon qui partagent l'Allée d'eau, on remarque sept groupes de trois enfants chacun jeunes garçons et jeunes filles, Amours et Satyres, les uns revenant de la chasse, les autres tenant un perdreau, les autres enfin jouant avec des poissons.

Ces groupes sont posés sur des socles de marbre blanc au milieu d'un bassin pareil et soutenant une petite cuvette de marbre de Languedoc, du milieu de laquelle s'élève un petit jet d'eau qui retombe en nappe dans le bassin inférieur.

Cette allée charmante plaisait particulièrement à Mme *Dubarry;* elle venait s'y promener souvent suivie de son petit nègre *Zamore*, que le roi Louis XV avait nommé gouverneur de Luciennes.

A l'extrémité de l'Allée d'eau se trouve un bassin carré, dont la principale face est ornée d'un bas-relief remarquable représentant des Nymphes au bain, par *Girardon*. D'autres bas-reliefs figurant des fleurs, des Nymphes, des enfants en bronze, ornent les autres faces du bassin. Il est destiné à servir de décharge à la fontaine de la *Pyramide*, que nous trouvons immédiatement au-dessus.

## XIX.

### Fontaine de la Pyramide.

Cette fontaine, dessinée et exécutée par *Girardon*, se compose de quatre bassins élevés les uns sur les autres. Des griffes de lion appuyées sur des massifs de pierre supportent le bassin inférieur, qu'environnent quatre Tritons d'une pose aussi légère que hardie.

Des deux côtés, à droite et à gauche de la fontaine de la Pyramide, s'étendent deux bassins où semblent nager des Sirènes. Ces deux bassins sont appelés les *Couronnes*.

## XX.

### Fontaine de la Pyramide au jardin du Roi.

Mais les gerbes s'abaissent, les nappes se tarissent, les eaux vont finir. Ne quittons pas le parc sans faire une visite au jardin du Roi.

Nous montons l'escalier où la statue du *Rémouleur* fait face à la *Vénus à la tortue*, nous traversons les parterres d'eau. Bientôt nous voilà de nouveau devant le bassin de *Latone*. Nous redescendons encore une fois le Tapis vert, nous prenons, après la troisième allée à gauche, une avenue bordée de grands arbres, et nous passons devant un charmant petit bassin, le digne pendant de celui de *Bacchus*.

*Girardon* y a sculpté Saturne entouré de petits enfants, vrais chefs-d'œuvre de grâce et de légèreté. Encore un pas, et nous entrons dans le jardin du Roi.

## XXI.

### Jardin du Roi.

Ce jardin remplace l'ancien bassin de l'*Ile d'A-*

Le jardin du Roi.

*mour*; il ne présentait, depuis longtemps, qu'un marais fangeux, couvert de roseaux et dont les exhalaisons devenaient très-dangereuses, lorsque le roi Louis XVIII, pendant le rigoureux hiver de 1816, ordonna, dans le but de soulager les indigents, de les employer à des travaux de terrassement pour transformer ce marécage en un jardin d'arbrisseaux, arbustes, gazons et fleurs de toutes sortes.

Le plan du jardin, tracé par M. *Dufour*, architecte du roi, fut exécuté en trois mois.

Entouré d'un élégant treillage blanc qui annonce son isolement et sa destination à des promenades particulières, le jardin du Roi n'est ouvert au public que chaque soir, deux heures avant le coucher du soleil.

Des fleurs et des arbustes décorent la platebande en talus qui borde sa première enceinte.

De la porte d'entrée nous apercevons, sur le tapis de verdure, une colonne surmontée de la statue de *Flore;* à droite et à gauche de la porte, entre la principale allée et celles du pourtour, se trouvent, dans deux grands massifs, deux salles rondes ornées de deux beaux vases de marbre blanc faits à Rome et enrichis de bas-reliefs : l'un représente un mariage antique; l'autre, une fête de *Bacchus*.

Divers carrefours offrent des renfoncements où

sont placés des bancs, entourés, pendant l'été, d'orangers et d'autres arbres en caisse; dans d'autres parties sont des massifs de fleurs mélangés avec goût, qui se varient et se renouvellent à chaque saison.

Ces massifs sont composés des objets les plus charmants et les plus recherchés des jardins d'amateurs, accumulés sans confusion.

Rien de plus ravissant que cet ensemble de fleurs aux couleurs vives et fraîches, coquettement encadrées dans la verdure du gazon; des arbres de toute espèce sont disposés en groupes dans la grande pièce verte qui forme le centre du jardin.

Ce délicieux séjour est la promenade favorite des habitants de Versailles.

Après en avoir fait le tour et l'avoir admiré dans tous ses détails, nous revenons sur nos pas et nous arrivons au bord du bassin, situé en face de l'entrée du jardin. Ce bassin, dans lequel sont deux belles gerbes, a la forme d'un miroir. Deux cygnes aux cous de neige, parcourent cette nappe d'eau dans tous les sens, et l'animent par leurs gracieuses évolutions.

En sortant du jardin du Roi, nous traversons le *bosquet de Vénus*.

## XXII.

### Bosquet de Vénus.

Ce bosquet remplace l'ancien *labyrinthe*, ainsi nommé à cause de l'entrelacement de plusieurs allées bordées de palissades où on pouvait s'égarer. Au détour de chaque allée se trouvait une fontaine ornée de deux bassins en rocaille et d'une sculpture représentant une fable d'Ésope. Le dessin de ces sculptures avait été fourni par *Le Brun*, et les vers placés au bas étaient de la composition de *Benserade*. A l'entrée du bosquet étaient placées les statues d'*Ésope* et de l'*Amour*. Pendant qu'on examinait les statues et qu'on lisait les vers, on oubliait la route qu'on devait suivre. Ces embellissements ont fait place à une décoration plus simple, et cependant très-pittoresque.

Des arbres exotiques forment dans ce bosquet un charmant ombrage ; on y remarque surtout un quinconce de tulipiers décoré par quatre beaux vases de métal, au milieu desquels est placée une statue de *Vénus*.

En quittant le bosquet de Vénus, parallèle au mur du parc, nous arrivons au pied de l'un des deux magnifiques escaliers qui descendent du parterre du midi au bâtiment de l'*Orangerie*.

Allée des Termes.

Laissons derrière nous les entrées principales faisant face à la *pièce d'eau des Suisses*, et ornées de trumeaux décorés de deux colonnes d'ordre toscan, qui portent un groupe de figures. Les deux du côté de la ville représentent l'*Aurore* et *Céphale*, *Vertumne* et *Pomone*; les deux du côté du jardin, *Vénus* et *Adonis*, *Zéphyr* et *Flore*. L'espace qui est entre ces portes et les rampes des deux escaliers est fermé par des grilles en fer, coupées par des piliers de pierre surmontés de paniers de fleurs, merveilleux fouillis dus au ciseau de *Pinot*.

Montons les cent trois marches de l'escalier, et jetons un coup d'œil sur l'*Orangerie*, chef-d'œuvre de *J. Mansard*, l'un des plus beaux ouvrages d'architecture qu'il y ait au monde.

## XXIII.

### L'Orangerie.

Commencée en 1685, l'*Orangerie* a été terminée vers la fin de 1686; elle forme un fer à cheval; la galerie du milieu, éclairée par douze fenêtres cintrées qui sont dans l'enfoncement des arcades, a cent cinquante-six mètres de long et douze mètres de large. Les deux galeries latérales ont chacune cent dix-sept mètres de long. Ces galeries sont

La pièce d'eau des Suisses.

décorées au dehors de trois avant-corps ; celui de la galerie du fond est de huit colonnes d'ordre toscan, et les deux autres ont chacun quatre colonnes...

Du haut du parterre du midi, appuyés sur la balustrade qui l'entoure, nous découvrons le parterre de l'Orangerie, consistant en six compartiments de gazon, au milieu desquels est un bassin d'où sort une gerbe qui s'élève à quinze mètres. Au pourtour sont rangés plus d'un millier d'orangers, de citronniers, de grenadiers, en six grandes allées de quatre rangs de caisses qui se croisent.

Le plus vieux des orangers est celui qu'on nomme le *Grand-Bourbon*, parce qu'il fut acquis en 1530 par la confiscation des biens du *connétable de Bourbon ;* il avait déjà près de cent ans à cette époque.

Le parterre du midi, sur lequel nous sommes en ce moment, a porté longtemps le nom de *parterre de fleurs*. On y descend par un escalier de marbre blanc, dont les angles sont ornés de deux *sphinx* en marbre, montés chacun par un enfant en bronze. Sur la tablette des quatre autres perrons sont vingt vases, huit en marbre et douze en bronze.

Ce parterre est orné de deux petits bassins, de chacun desquels sort une gerbe de quatre mètres.

Sur l'angle de la balustrade qui règne le long du parterre, et qui conduit à l'escalier que nous venons de monter, est une statue de *femme couchée* par *Vanclève* (d'après l'antique).

Nous découvrons du milieu du parterre du midi la *pièce d'eau des Suisses*, vis-à-vis l'Orangerie, à l'extérieur du jardin.

## XXIV.

### Pièce d'eau des Suisses.

Cette pièce, ainsi nommée parce qu'on a employé un régiment suisse à la construire, a près de quatre cents mètres de long sur cent quarante de large. A l'extrémité est une statue équestre de *Bernin*, qui devait représenter Louis XIV; mais l'artiste l'ayant manquée dans une de ses parties en a fait un *Marcus Curtius*. Il a substitué des flammes au trophée d'armes qui était sous le ventre du cheval. Il est facile de voir que la pensée du sculpteur n'est pas heureusement rendue.

Mais laissons la statue de *Bernin* pour l'admirable point de vue qui s'offre en ce moment à nous.

Cette nappe d'eau magnifique, ces allées d'arbres qui l'entourent, ces bois qui les couronnent à l'horizon, forment un dernier tableau qui, avant notre départ, se grave dans notre souvenir.

Nous quittons le parc, mais non pas sans remercier du fond du cœur l'administration vigilante qui a réparé avec tant de soin, dans ces dernières années, les outrages faits par le temps à l'œuvre de Louis XIV.

Ces réparations, commencées en 1851 et 1852 dans le réservoir du parterre supérieur, et aux deux grands bassins du *parterre d'eau*, ont été dirigées avec autant de promptitude que d'habileté.

Maintenant, Versailles est redevenu digne de son créateur. C'est un des plus beaux monuments de la richesse et de l'art de la France, et nous pouvons avec orgueil le montrer aux étrangers. Ils liront ensuite, sans se laisser abuser, nous en sommes certains, les lignes trop sévères que le duc de Saint-Simon traçait dans ses *Mémoires* à propos du parc que nous venons de parcourir :

« On n'y est conduit dans la fraîcheur de l'ombre que par une vaste zone torride au bout de laquelle il n'y a plus qu'à monter et descendre, et avec la colline, qui est fort courte, se terminent les jardins. La recoupe y brûle les pieds ; mais sans cette recoupe on y enfoncerait, ici dans les sables, et là dans la plus noire fange. La violence qui y a été faite partout à la nature repousse et dégoûte malgré soi. »

Notre journée à Versailles est le plus éclatant démenti de ce passage injuste d'un grand historien.

---

# TABLE.

www.ingramcontent.com/pod-product-compliance
Lightning Source LLC
LaVergne TN
LVHW020626110826
845149LV00004B/1060

* 9 7 8 2 0 1 4 5 2 8 1 9 0 *